Acerca de KUMON

¿Qué es Kumon?

Kumon es la empresa líder mundial en educación suplementaria y un líder en la obtención de resultados académicos sobresalientes. Los programas extracurriculares de matemáticas y lectura proporcionados en los centros Kumon alrededor del mundo han contribuido al éxito académico de los (las) niños(as) por más de 50 años.

Los cuadernos de ejercicios de Kumon representan tan sólo una parte de nuestro currículo completo, que incluye materiales desde nivel preescolar hasta nivel universitario, y se enseña en nuestros Centros Kumon bajo la supervisión de nuestros(as) instructores(as) capacitados(as).

El método Kumon permite que cada niño(a) avance exitosamente mediante la práctica hasta dominar los conceptos progresando gradualmente. Los (las) instructores(as) cuidadosamente asignan tareas a sus alumnos(as) y supervisan su progreso de acuerdo a las destrezas o necesidades individuales.

Los (Las) estudiantes asisten usualmente a un centro Kumon dos veces por semana y se les asignan tareas para que practiquen en casa los restantes cinco días. Las tareas requieren aproximadamente de veinte minutos.

Kumon ayuda a estudiantes de todas las edades y con diferentes aptitudes a dominar los fundamentos básicos de una asignatura, mejorar sus hábitos de estudio y la concentración y adquirir mayor confianza.

¿Cómo comenzó Kumon?

HACE 50 AÑOS, EN JAPÓN, Toru Kumon, un padre y maestro, encontró la forma de ayudar a su hijo Takeshi a mejorar su rendimiento académico. Siguiendo los consejos de su esposa, Kumon desarrolló una serie de ejercicios cortos que su hijo podría completar exitosamente en menos de veinte minutos diarios, los cuales ayudaron poco a poco a que la matemática le resultara más fácil. Ya que cada ejercicio era ligeramente más complicado que el anterior, Takeshi pudo adquirir el dominio necesario de las destrezas matemáticas mientras aumentaba su confianza para seguir avanzando.

El hijo de Kumon tuvo tanto éxito con este método único y autodidacta, que Takeshi pudo realizar operaciones matemáticas de cálculo diferencial e integral en sexto grado. El Sr. Kumon, conociendo el valor de una buena comprensión lectora, desarrolló un programa de lectura utilizando el mismo método. Estos programas constituyen la base y la inspiración que los centros Kumon ofrecen en la actualidad bajo la guía experta de instructores(as) profesionales del método Kumon.

Sr. Toru Kumon
Fundador de Kumon

¿Cómo puede ayudar Kumon a mi hijo(a)?

Kumon está diseñado para niños(as) de todas las edades y aptitudes. Kumon ofrece un programa efectivo que desarrolla las destrezas y aptitudes más importantes, de acuerdo a las fortalezas y necesidades de cada niño(a), ya sea que usted quiera que su hijo(a) mejore su rendimiento académico, que tenga una base sólida de conocimientos, o resolver algún problema de aprendizaje, Kumon le ofrece un programa educativo efectivo para desarrollar las principales destrezas y aptitudes de aprendizaje, tomando en cuenta las fortalezas y necesidades individuales de cada niño(a).

¿Qué hace que Kumon sea tan diferente?

Kumon está diseñado para facilitar la adquisición de hábitos y destrezas de aprendizaje para mejorar el rendimiento académico de los (las) niños(as). Es por esto que Kumon no utiliza un enfoque de educación tradicional ni de tutoría. Este enfoque hace que el (la) niño(a) tenga éxito por sí mismo, lo cual aumenta su autoestima. Cada niño(a) avanza de acuerdo a su capacidad e iniciativa para alcanzar su máximo potencial, ya sea que usted utilice nuestro método y programa como un medio correctivo o para enriquecer los conocimientos académicos de su hijo(a).

¿Cuál es el rol del (de la) instructor(a) de Kumon?

Los (Las) instructores(as) de Kumon se consideran mentores(as) y tutores(as), y no profesores(as) en un sentido clásico. Su rol principal es el de proporcionar al (a la) estudiante el apoyo y la dirección que lo (la) guiará a desempeñarse al 100% de su capacidad. Además de su entrenamiento riguroso en el método Kumon, todos los (las) instructores(as) Kumon comparten la misma pasión por la educación y el deseo de ayudar a los (las) niños(as) a alcanzar el éxito.

KUMON FOMENTA:

- El dominio de las destrezas básicas de las matemáticas y de la lectura.
- Una mejora en el nivel de concentración y los hábitos de estudio.
- Un aumento de la confianza y la disciplina del (de la) alumno(a).
- El alto nivel de calidad y profesionalismo en todos nuestros materiales.
- El desempeño del máximo potencial de cada uno(a) de nuestros(as) alumnos(as).
- Un sentimiento agradable de logro.

COMENZAR CON KUMON ES FÁCIL. Simplemente llámenos o visite nuestra página en Internet para solicitar nuestro folleto informativo y localizar un centro Kumon cerca de usted. Un(a) instructor(a) certificado(a) le atenderá con gusto, le explicará cómo funciona Kumon, le ayudará a manejar las necesidades de su hijo(a) y le pasará un examen de ubicación gratuito. ¡Contáctenos hoy mismo!

USA o Canada	800-ABC-MATH (English only)	www.kumon.com
Argentina	54-11-4779-1114	www.kumonla.com
Colombia	57-1-635-6212	www.kumonla.com
Chile	56-2-207-2090	www.kumonla.com
España	34-902-190-275	www.kumon.es
Mexico	01-800-024-7208	www.kumon.com.mx

 **Un cangrejo se va de paseo**

Nombre

Fecha

A los padres Escriba el nombre de su hijo(a) y la fecha del ejercicio en los recuadros correspondientes. Pídale a su hijo(a) que dibuje una línea desde el cangrejo en la parte de arriba de la página hasta el cangrejo de la parte de debajo de la página sin tocar ningún obstáculo. El niño puede dibujar la línea como el o ella quiera.

■ Dibuja una línea desde un cangrejo ()
hasta el otro cangrejo ( ).

1

A los padres

Aquí el ejercicio consiste en dibujar líneas rectas verticalmente y horizontalmente. Acompañe a su hijo(a) haciendo juntos el ejercicio si el o ella lo encuentra difícil.

■Dibuja una línea desde una figura hasta la figura correspondiente.

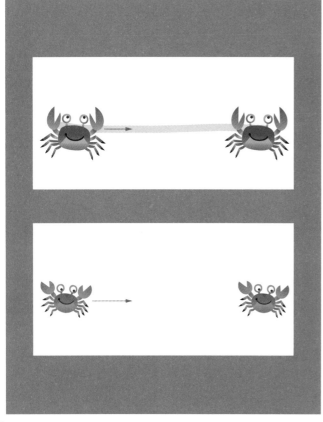

2 | **En el bosque**

Nombre

Fecha

A los padres
Pídale a su hijo(a) que dibuje una línea desde un conejo hasta el otro conejo. Su hijo(a) puede dibujar la línea como el o ella quiera. Usted puede darle a su hijo(a) pistas. Por ejemplo, "!No dejes que el conejito se tropiece con un tocón!"

■ Dibuja una línea desde un conejo (🐰) hasta el otro conejo (🐰).

3

■Dibuja una línea desde una figura hasta la figura correspondiente.

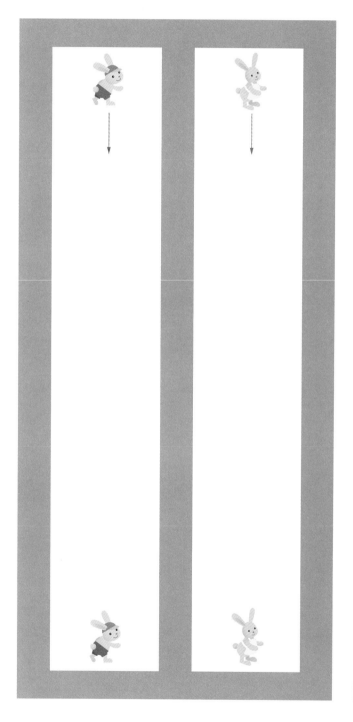

Un camino difícil

Nombre

Fecha

A los padres

Pídale a su hijo(a) que dibuje una línea desde un gato hasta el otro gato. Su hijo(a) puede dibujar la línea como el o ella quiera. Usted puede darle a su hijo(a) pistas. Por ejemplo, "¡El gato tiene que quedarse fuera de los huecos y de los charcos!"

■ Dibuja una línea desde un gato ( ) hasta el otro gato ( ).

5

■Dibuja una línea desde una figura hasta la figura correspondiente.

Carrera en la piscina

Nombre

Fecha

A los padres
El ejercicio en esta página constituye dibujar líneas rectas, aún si la líneas están afuera del área. Pídale a su hijo(a) que dibuje las líneas despacio y con cuidado.

■ Dibuja una línea desde un niño ( )
hasta el niño correspondiente ( ).

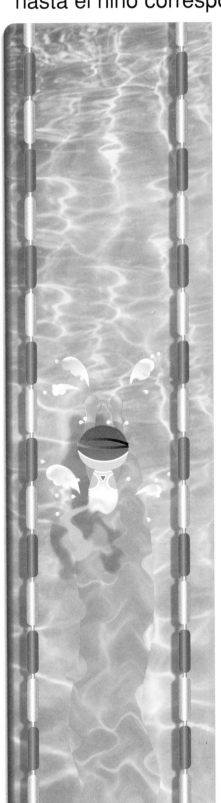

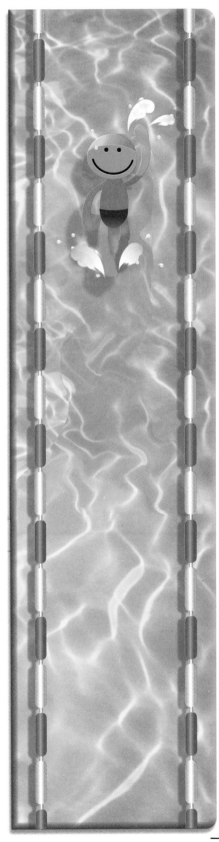

7

A los padres

Esta página es para que su hijo(a) tenga más práctica dibujando líneas rectas. Pídale a su hijo(a) que dibuje despacio, con cuidado y constantemente, un paso a la vez.

■Dibuja una línea desde una figura hasta la figura correspondiente.

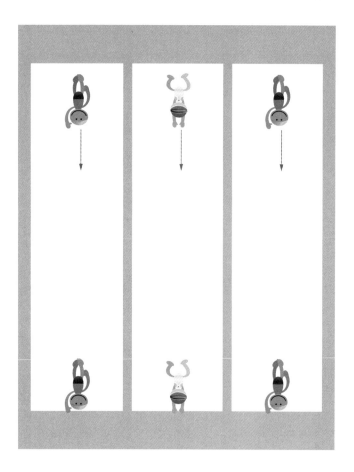

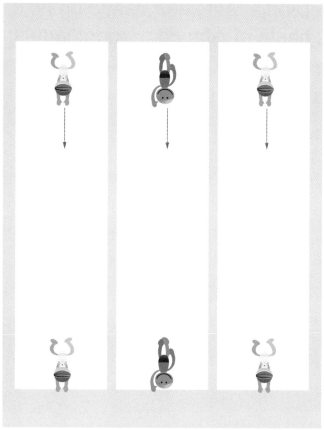

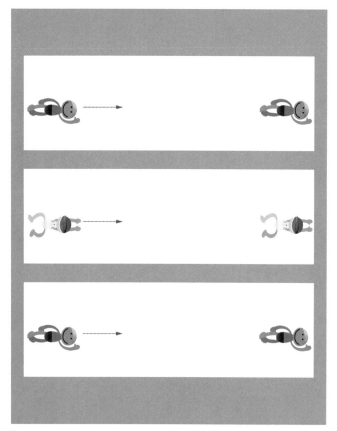

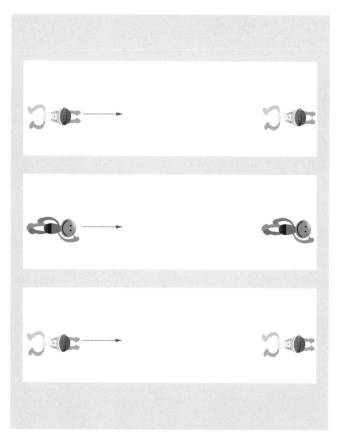

5 Criaturas del mar

Nombre

Fecha

A los padres
Si dibujar una línea diagonal de un trazo es muy difícil, su hijo(a) puede hacer una pausa en la mitad.

■Dibuja una línea desde una concha ( ) hasta la concha correspondiente ( ).

■Dibuja una línea desde una figura hasta la figura correspondiente.

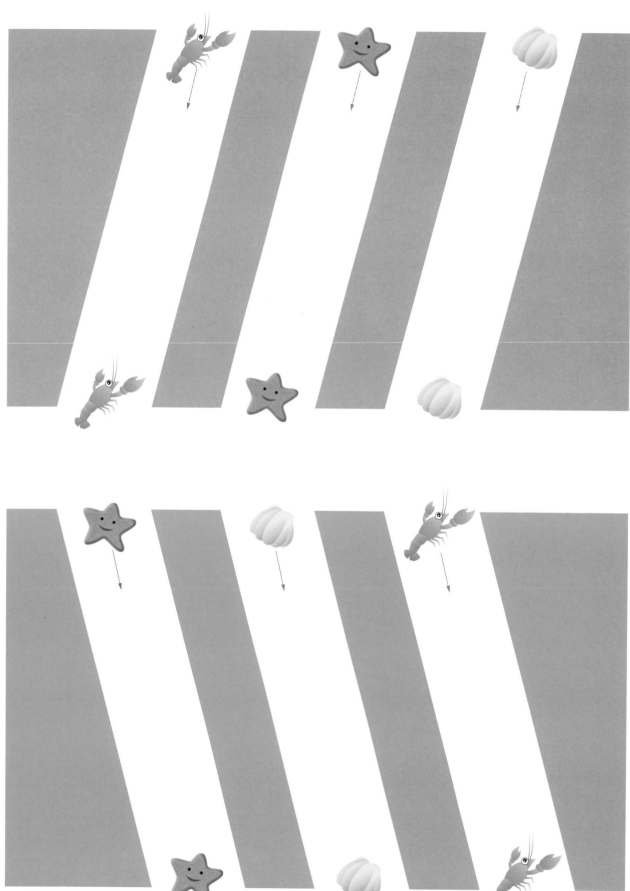

6 Un oso pinta un granero

- Dibuja una línea desde un pincel ( ) hasta el pincel correspondiente ( ).

A los padres Este ejercicio enseñará a su hijo(a) a dibujar líneas dentadas. Este ejercicio a menudo resulta muy difícil para los niños. Para que esta actividad sea más fácil, deje que su hijo(a) dibuje una línea recta hasta el pincel del medio, luego continúe dibujando hasta el pincel en la parte de abajo.

■Dibuja una línea desde una figura hasta la figura correspondiente.

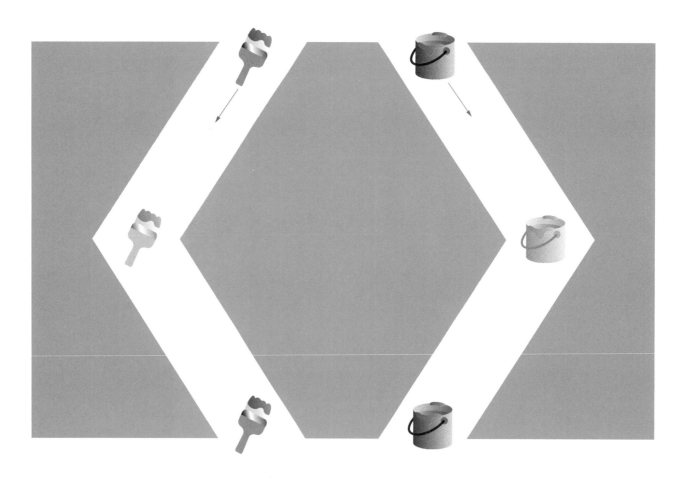

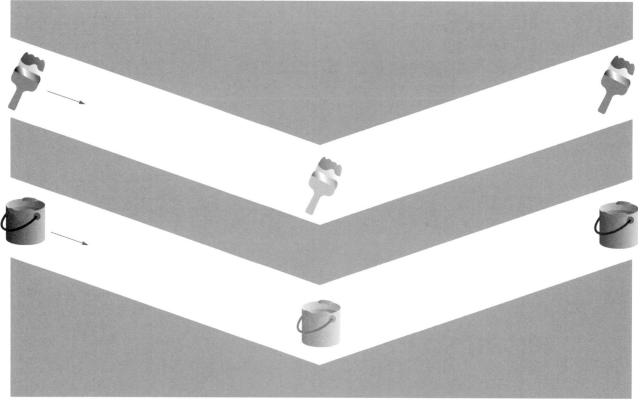

7 Volando sobre el arco iris

Nombre

Fecha

■ Dibuja una línea desde un avión de papel( ) hasta el avión de papel correspondiente( ).

A los padres
Anime a su hijo(a) a dibujar líneas curvas, mostrándole el camino que siguen los aviones de papel.

■Dibuja una línea desde una figura hasta la figura correspondiente.

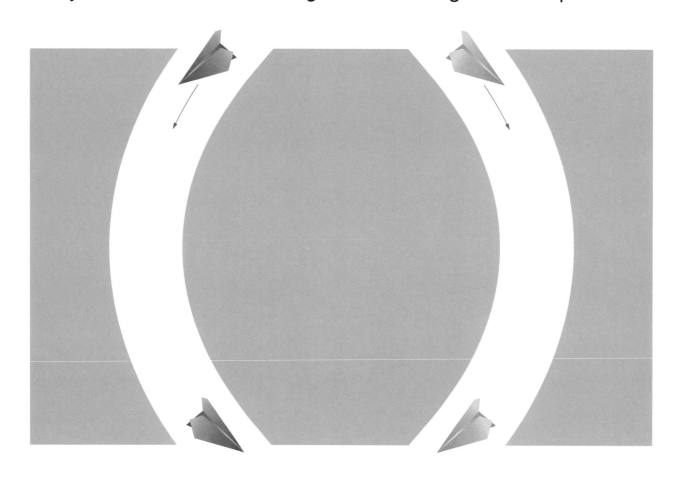

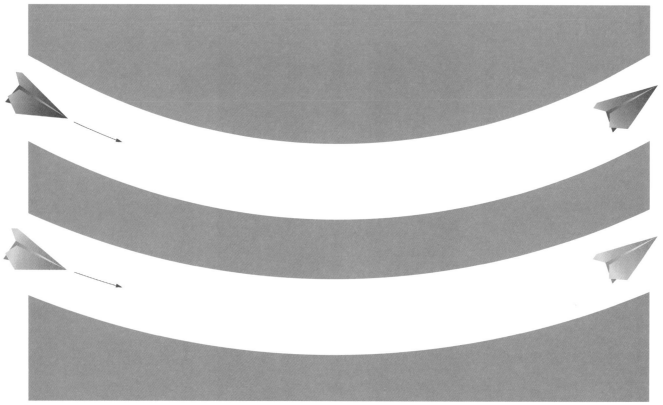

Nadando libremente en el mar

Nombre

Fecha

■ Dibuja una línea desde un delfín (🐬)
hasta el delfín correspondiente (🐬).

■Dibuja una línea desde una figura hasta la figura correspondiente.

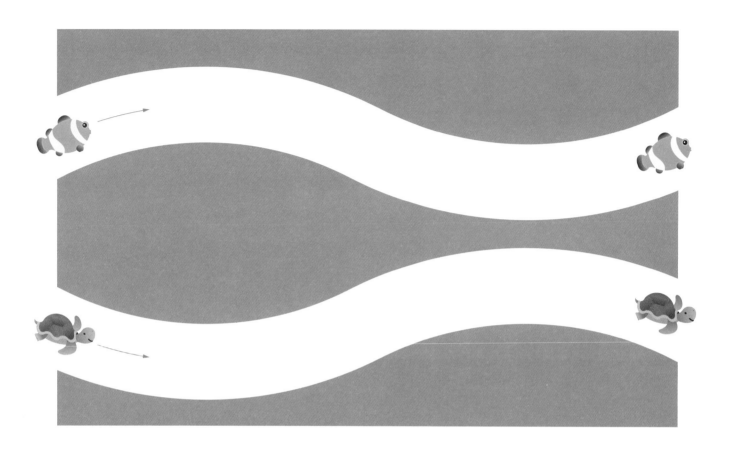

Es un gran golpe!

Nombre

Fecha

A los padres   A partir de esta página, los trazos de las líneas se vuelven más difíciles de dibujar. Está bien si su hijo(a) dibuja fuera del área. Lo importante es animarlo a dibujar despacio y con cuidado.

■Dibuja una línea desde una pelota de béisbol ( )
hasta la otra pelota de béisbol ( ).

17

A los padres

Este ejercicio le enseñara a su hijo(a) a dibujar líneas curvas. Pueden haber formas redondas, tales como una pelota, o un globo, a su alrededor. Si usted también las dibuja, junto a su hijo(a), ayudará enormemente a su hijo(a) en sus practicas para dominar los diferentes tipos de trazos con lápiz.

■Dibuja una línea desde una figura hasta la figura correspondiente.

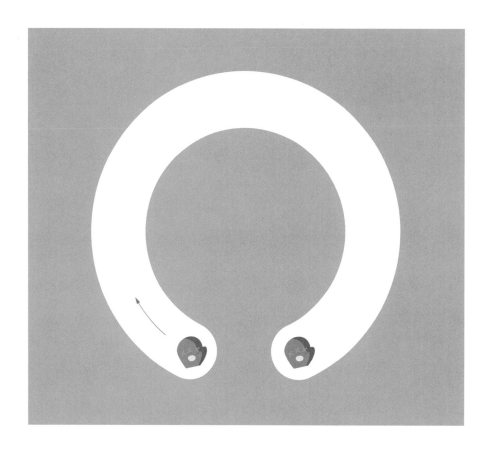

10 Un paseo por el zoológico

■ Dibuja una línea desde un amigo ()
hasta el otro amigo ( ).

Dibuja una línea desde una figura hasta la figura correspondiente.

11 Montar en camello

■ Dibuja una línea desde un camello ( ) hasta hasta el otro camello ( ).

A los padres

En las páginas siguientes su hijo(a) aprenderá a dibujar líneas en zigzag. Este ejercicio a menudo resulta muy difícil para los niños. Para hacer que esta actividad sea más fácil, deje que su hijo(a) dibuje las líneas conectando un camello con el siguiente camello, hasta que el niño haya alcanzado el final de la línea en zigzag.

■Dibuja una línea desde una figura hasta la figura correspondiente.

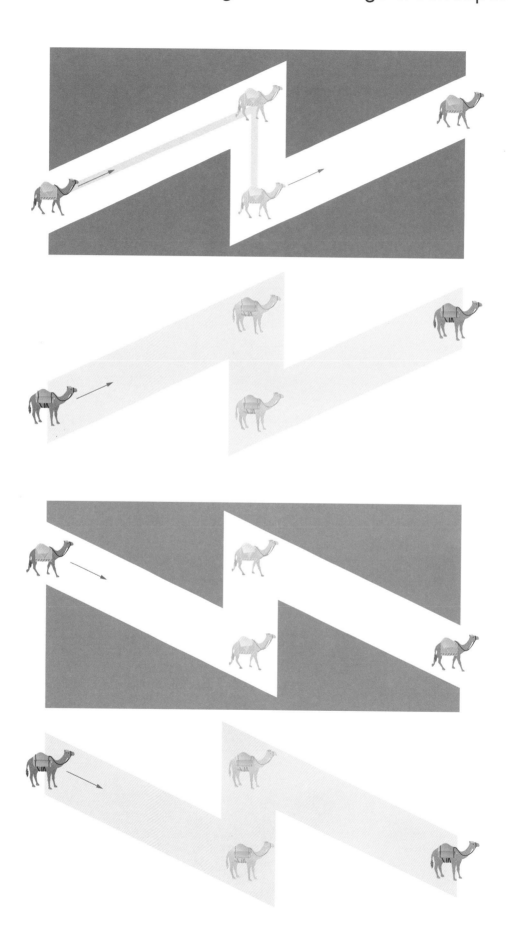

22

12 Un rayo

Nombre

Fecha

A los padres
Dibujar una línea en zigzag es muy difícil para un niño. Para hacer que esta actividad sea más fácil, deje que su hijo(a) dibuje la línea recta desde un perro hasta el siguiente perro y luego avance hasta el final.

■ Dibuja una línea desde un perro(🐶) hasta el otro perro (🐶).

A los padres

Comience haciendo que su hijo(a) dibuje una línea desde una figura hasta la siguiente. Cuando el o ella se haya acostumbrado a esto, anímelo(a) a dibujar una línea en zigzag de un sólo trazo.

■Dibuja una línea desde una figura hasta la figura correspondiente.

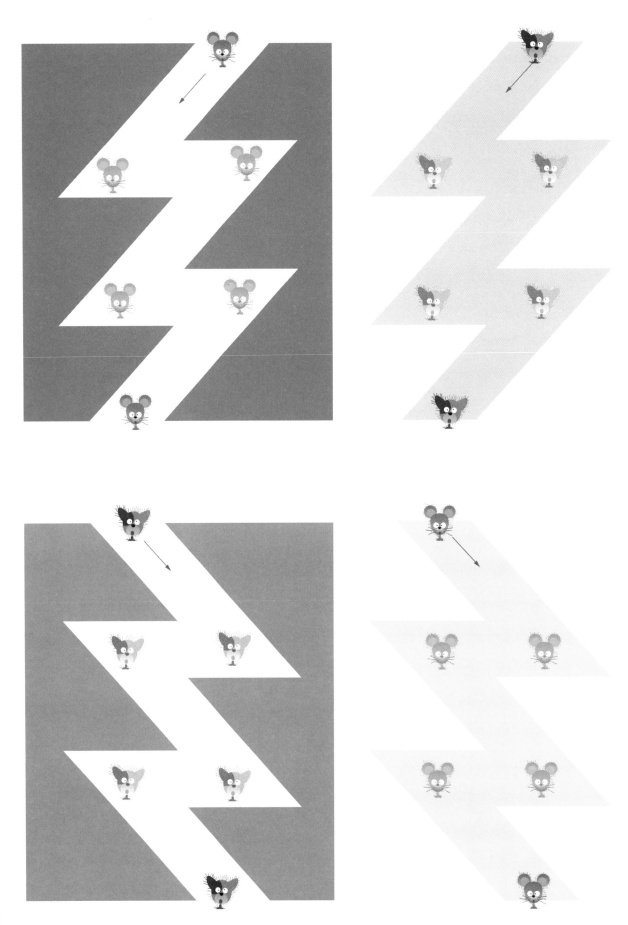

24

Nadando en la orilla del mar

■Dibuja una línea desde un niño ( ) hasta el otro niño ( ).

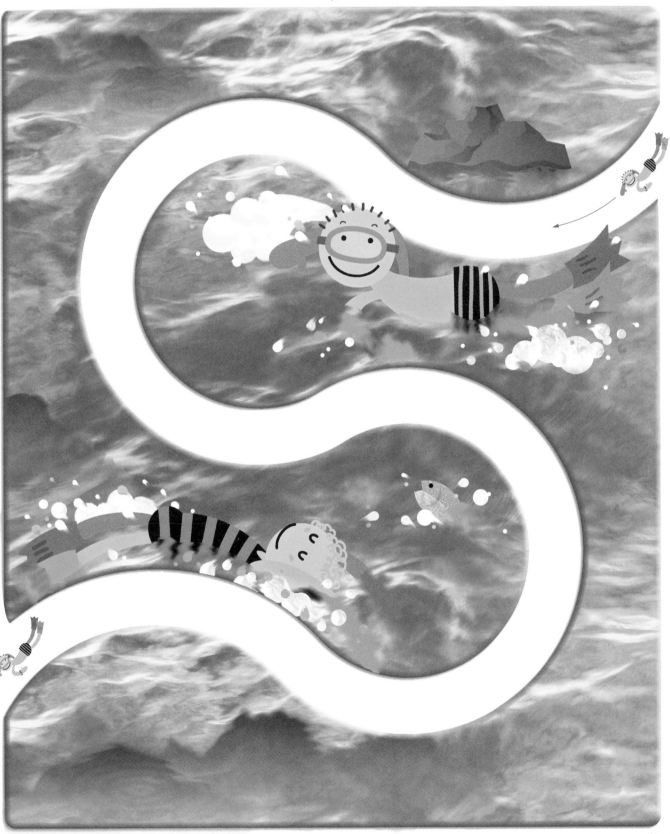

■Dibuja una línea desde una figura hasta la figura correspondiente.

26

■ Dibuja una línea desde un kayak () hasta el otro kayak (🛶).

■Dibuja una línea desde una figura hasta la figura correspondiente.

Búsqueda de tesoros

Nombre

Fecha

A los padres A partir de esta página, los trazos de las líneas se vuelven más difíciles de dibujar. Está bien si su hijo(a) dibuja afuera del área. Lo importante es animar a su hijo(a) a dibujar despacio y con cuidado.

■Dibuja una línea desde un baúl de tesoro ( )
hasta el otro baúl de tesoro ( ).

29

A los padres
En las páginas 30, 32, 34 y 36, el ejercicio consiste en dibujar
una línea simple a través de todas las figuras.

■Dibuja una línea desde el punto (●) hasta la
estrella (★) a través de todas las frutas.

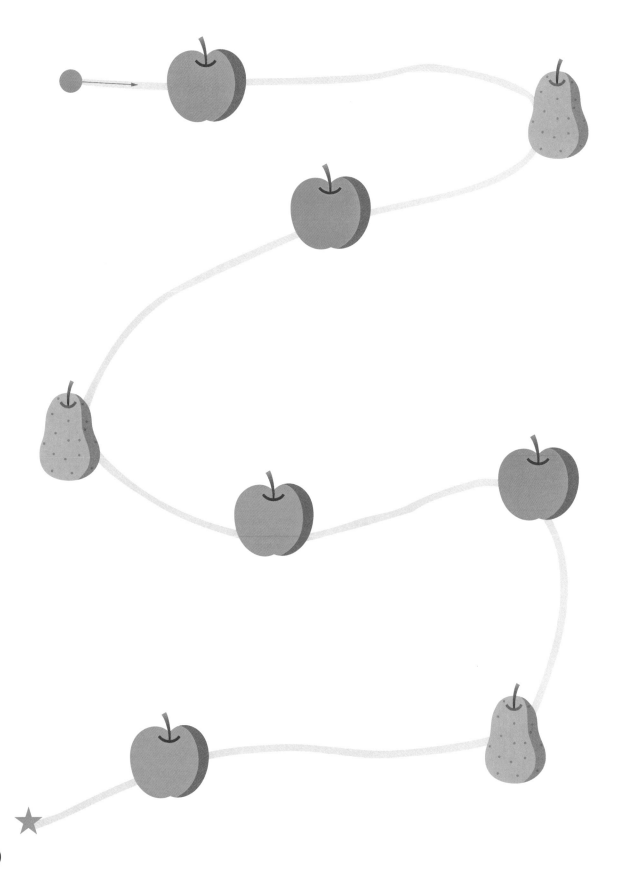

16 Naranjas dulces

■Dibuja una línea desde una hormiga (🐜)
hasta la otra hormiga (🐜).

■Dibuja una línea desde el punto (●) hasta la
estrella (★) a través de todos los carros.

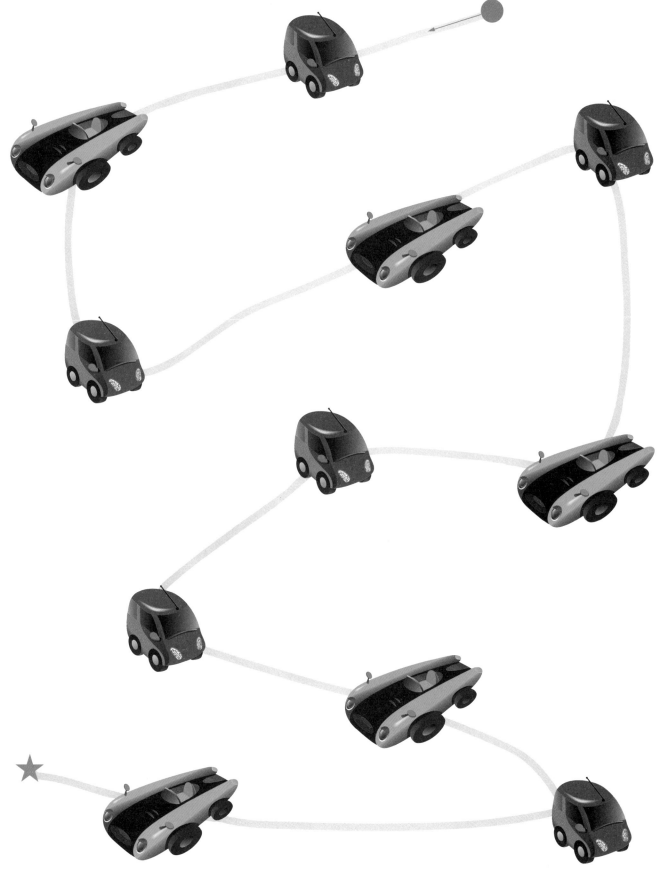

Nombre

Fecha

■Dibuja una línea desde una pelota (⚽) hasta la otra pelota (⚽).

33

A los padres
En las páginas 34 y 36 no se muestra ninguna línea de ejemplo. Está bien avanzar en cualquier orden y pasar a través del mismo punto varias veces.

■Dibuja una línea desde el punto (●) hasta la estrella (★) a través de todas las copas y vasos.

18 Un juego emocionante

■ Dibuja una línea desde una pelota (🏀) hasta la otra pelota (🏀).

35

■Dibuja una línea desde el punto (●) hasta la
estrella (★) a través de todas las mariposas y abejas.

36

19 En la autopista

■ Dibuja una línea desde un carro (🚗) hasta el otro carro (🚗).

A los padres
Pídale a su hijo(a) que dibuje una línea continua desde el punto hasta la estrella. Cuando su hijo(a) haya terminado, pregúntele ¿qué figura se ha formado? Se puede colorear la figura para que su hijo(a) se divierta un poco más.

■Dibuja una línea desde el punto (●) hasta la estrella (★).

Foca

20 Conducción con curvas

■ Dibuja una línea desde un carro ( ) hasta el otro carro ( ).

■Dibuja una línea desde el punto (●) hasta la estrella (★).

40

Rana

21 Bajando una montaña nevada

■Dibuja una línea desde un trineo (🛷) hasta el otro trineo (🛷).

A los padres
Pídale al niño que dibuje una línea continua desde el punto hasta la estrella.
Cuando el niño haya terminado, pregúntele ¿qué figura se ha formado? Se
puede colorear la figura para que su hijo(a) se divierta un poco más.

■Dibuja una línea desde el punto (●) hasta la estrella (★).

42

Serpiente

Casa de muñecas

Nombre

Fecha

■ Dibuja una línea desde un muñeco ( ) hasta el otro muñeco ( ).

A los padres
Pídale al niño que dibuje una línea continua desde el punto hasta la estrella.
Cuando el niño haya terminado, pregúntele ¿qué figura se ha formado? Se
puede colorear la figura para que su hijo(a) se divierta un poco más.

■Dibuja una línea desde el punto (●) hasta la estrella (★).

Sombrilla

23 **Trencito**

Nombre

Fecha

A los padres Pídale a su hijo(a) que dibuje el camino de la locomotora. Asegúrese que su hijo(a) siga las flechas en el punto de cruce, así el o ella dibujará la línea en la dirección correcta.

■Dibuja una línea desde una locomotora ( ) hasta la otra locomotora ( ).

A los padres
Es muy difícil para un niño detener el lápiz bruscamente al final de una línea. A partir de esta página asegúrese de que su hijo(a) tenga el cuidado de dejar de pintar con el lápiz cuando llegue al final de una línea. Ayuda decirle a su hijo(a): "Gira, gira y... ¡para!"

■Dibuja una línea desde el punto (●) hasta la estrella (★).

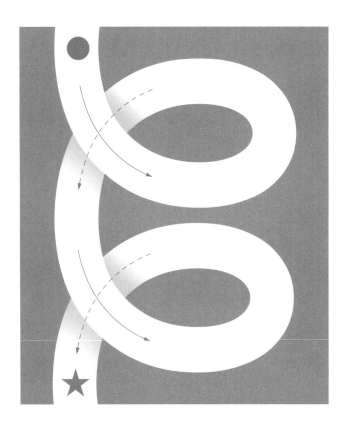
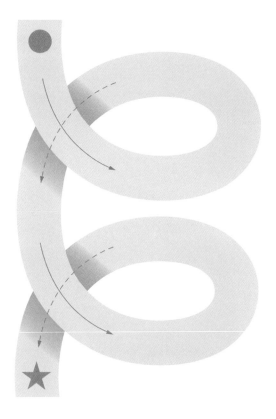

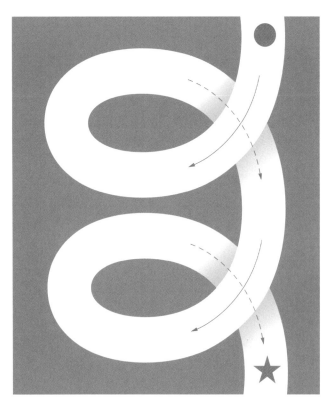
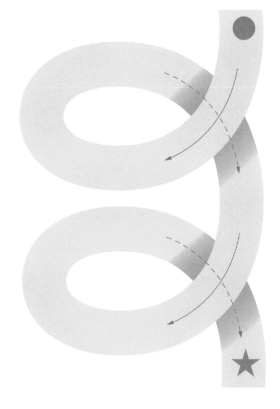

■ Dibuja una línea desde un tigre () hasta el otro tigre ().

■Dibuja una línea desde el punto (●) hasta la estrella (★).

■ Dibuja una línea desde una niña () hasta la otra niña ( ).

49

■Dibuja una línea desde el punto (●) hasta la estrella (★).

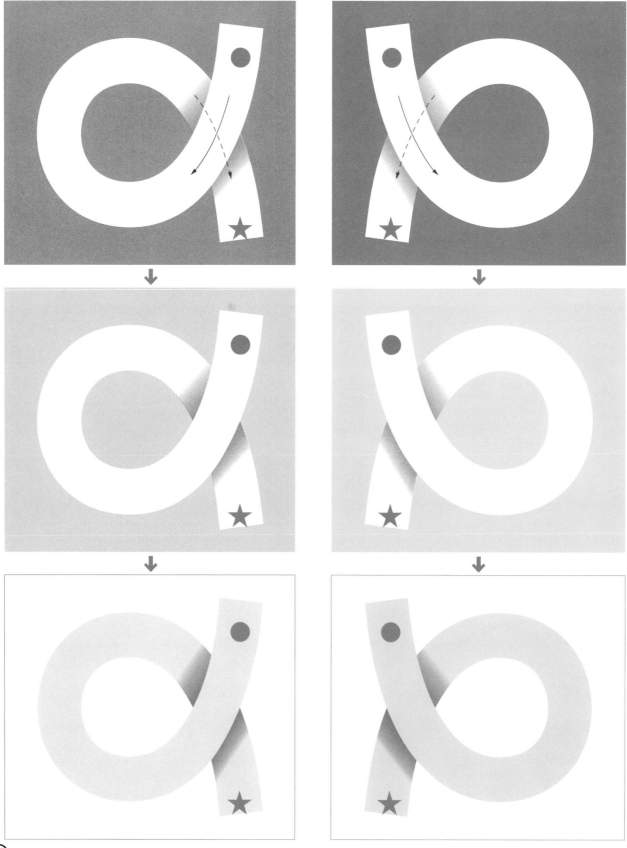

Camisetas en línea

Nombre

Fecha

A los padres A partir de esta página el trazado de las líneas al dibujar se vuelve más difícil. Anime a su hijo(a) a dibujar dentro de las líneas. Es importante que su hijo(a) desarrolle la habilidad de dibujar con cuidado y de forma constante.

■Dibuja una línea desde una camiseta (👕)
 hasta la otra camiseta (👕).

■Dibuja una línea desde el punto (●) hasta la estrella (★).

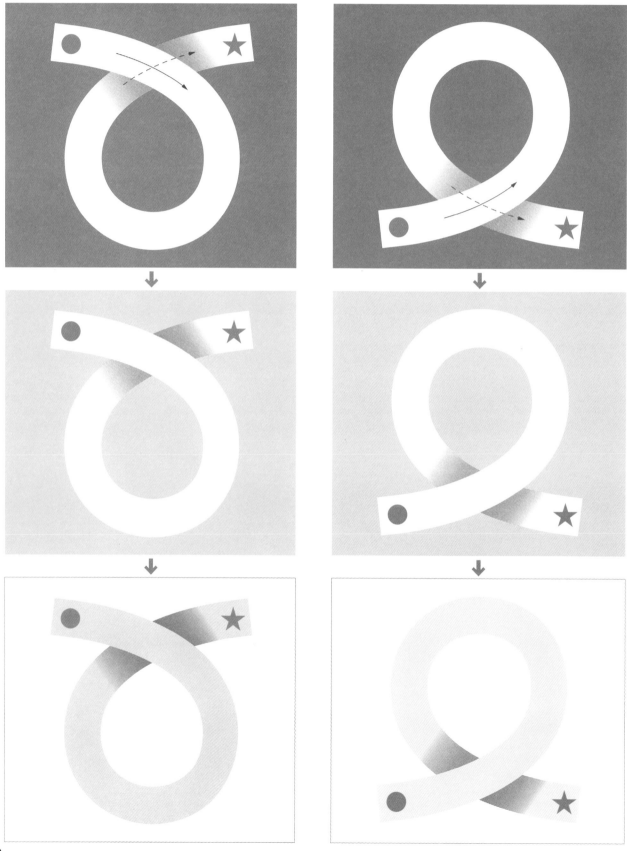

■ Dibuja una línea desde un libro ()
hasta el libro correspondiente (📖).

A los padres

Esta actividad le enseña a su hijo(a) a dibujar líneas de dos o más trazos. Pídale a su hijo(a) que comience dibujando una línea desde el numeral 1 hasta la estrella correspondiente y después que dibuje una línea desde el numeral 2 hasta la estrella correspondiente.

■ Dibuje una línea en el camino rojo (❶) y luego en el camino azul (❷).

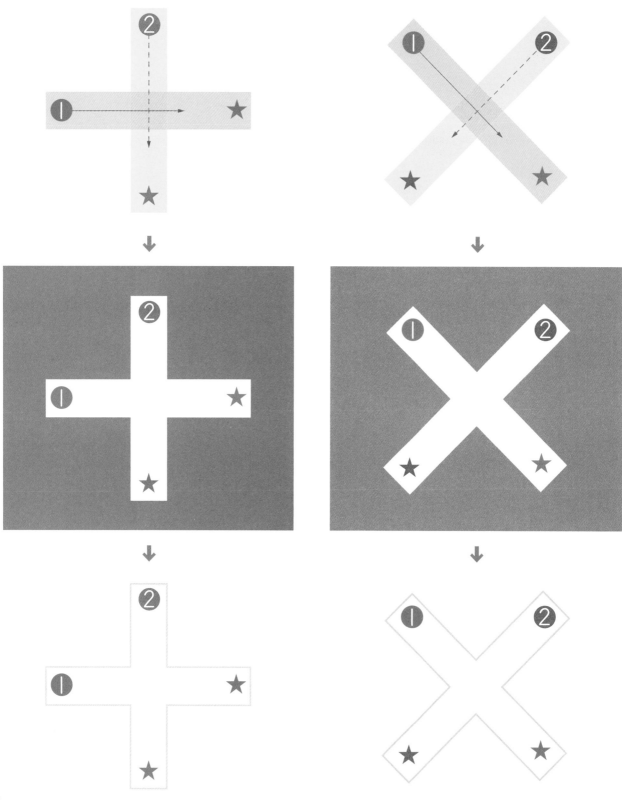

28 Manos mágicas

■ Dibuja una línea desde un dulce (🍬)
hasta el dulce correspondiente (🍬).

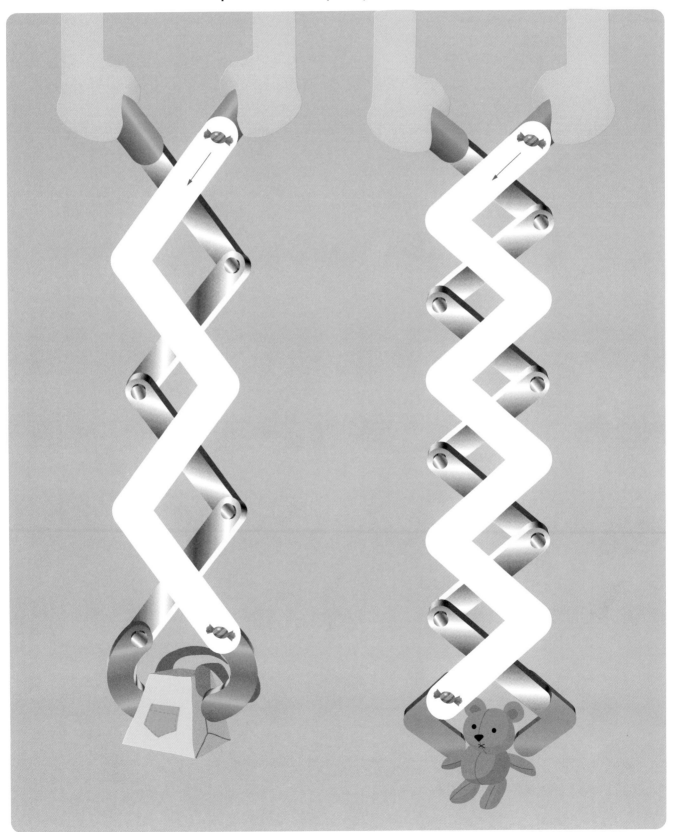

■Dibuje una línea en el camino rojo (❶) y luego en
el camino azul (❷).

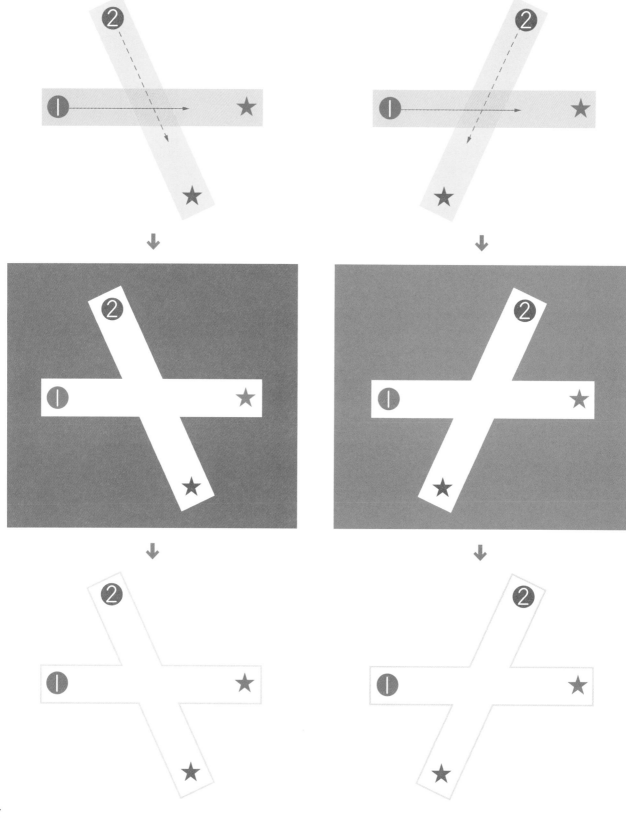

■Dibuja una línea desde una pelota de baloncesto ()
hasta la otra pelota de baloncesto ( ).

■Dibuje una línea en el camino rojo (❶) y luego en el camino azul (❷).

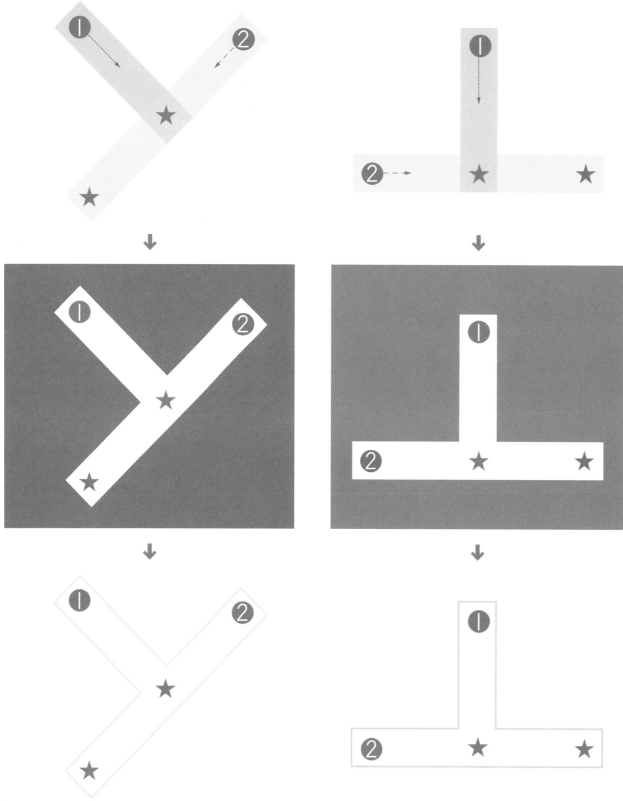

Nombre

Fecha

■Dibuja una línea desde un OVNI () hasta el otro OVNI ( ).

59

■Dibuje una línea en el camino rojo (❶),
luego el camino azul (❷), y luego el camino amarillo (❸).

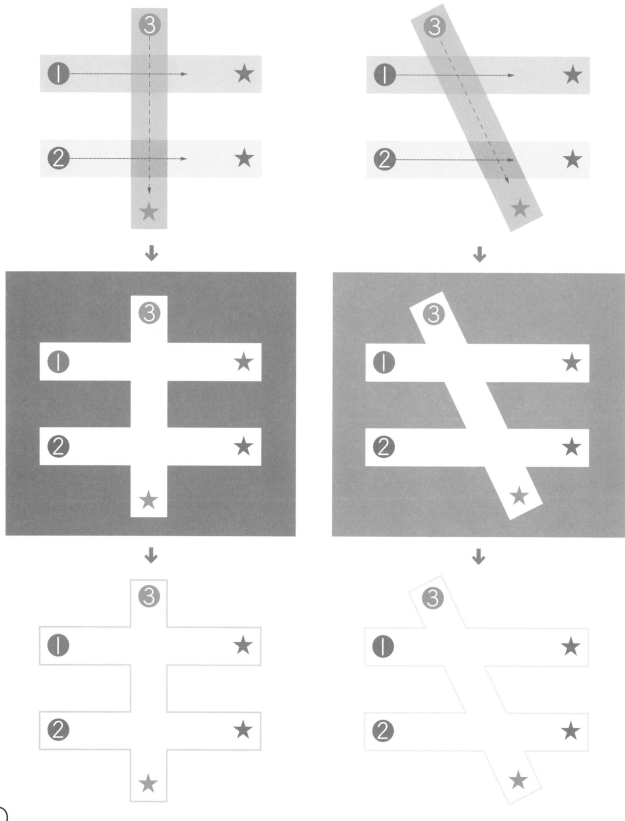

31 La casa encantada del terror

■ Dibuja una línea desde un fantasma ( ) hasta el otro fantasma ( ).

■Dibuje una línea en el camino rojo (❶),
luego el camino azul (❷), y luego el camino amarillo (❸).

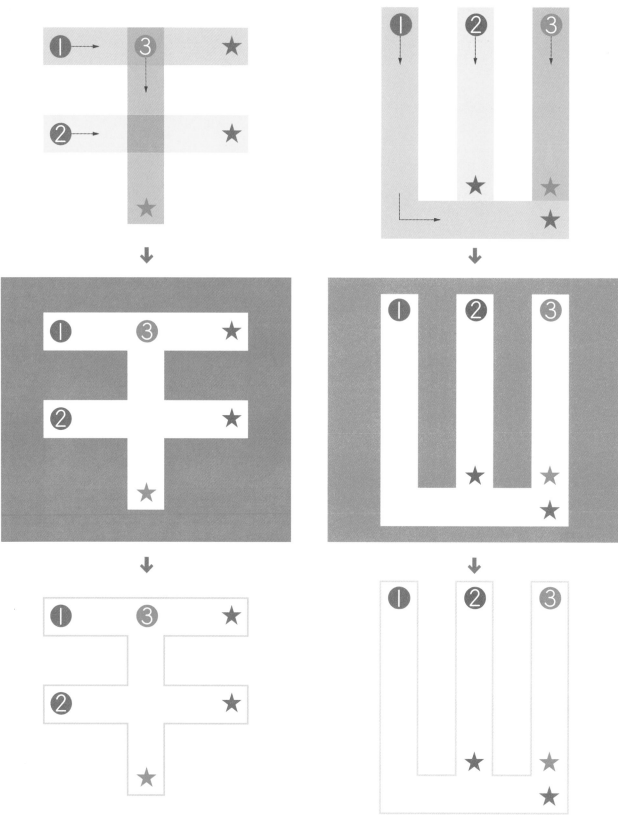

Orugas verdes comiendo vegetales

■ Dibuja una línea desde una oruga verde (🐛)
hasta la otra oruga verde (🐛).

■Dibuja una línea desde el punto (●) hasta la estrella (★).

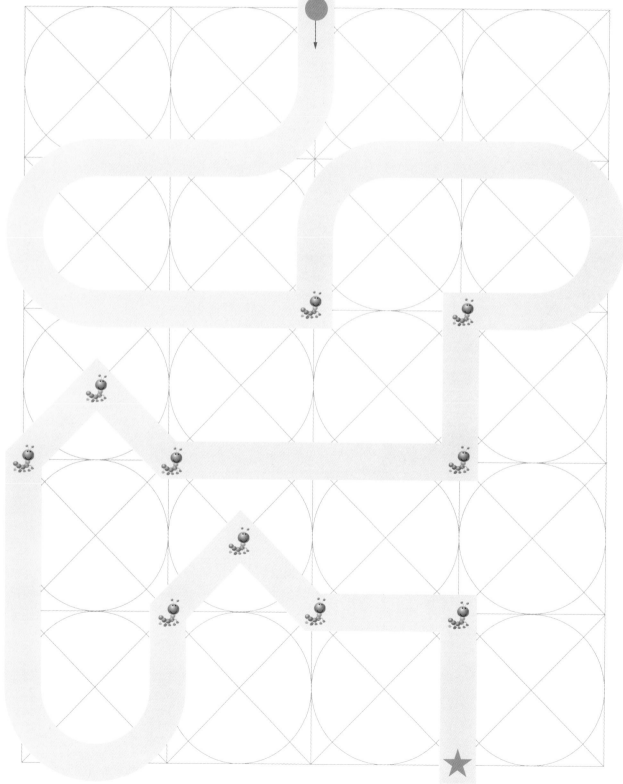

Nombre

Fecha

A los padres
En el punto de cruce haga que el niño siga la dirección
de la flecha. Anime al niño a no salirse del área de dibujo.

■Dibuja una línea desde un tigre ( ) hasta el otro tigre ( ).

A los padres
Asegúrese que su hijo(a) deje de dibujar en cada esquina antes de comenzar a dibujar en una nueva dirección.

■Dibuja una línea desde el punto (●) hasta la estrella (★).

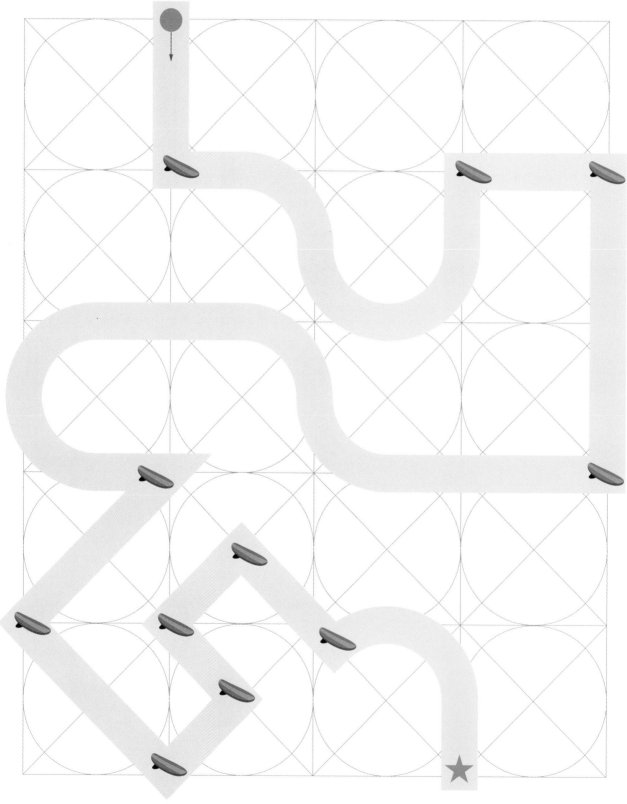

66

Dando giros y rizos en el aire

A los padres
A partir de esta página los trazos son aún más estrechos. Es más importante que su hijo(a) dibuje despacio y con cuidado a que dibuje las líneas de un trazo.

■ Dibuja una línea desde un globo (🎈) hasta el otro globo (🎈).

A los padres
Asegúrese que su hijo(a) deje de dibujar en cada esquina antes de comenzar a dibujar en una nueva dirección.

■Dibuja una línea desde el punto (●) hasta la estrella (★).

68

Escalando una montaña empinada

A los padres
Anime a su hijo(a) a usar la experiencia que adquirió dibujando líneas en zigzag y curvas para completar esta actividad.

■Dibuja una línea desde un tigre ( ) hasta el otro tigre ( ).

■Dibuja una línea desde el punto (●) hasta la estrella (★).

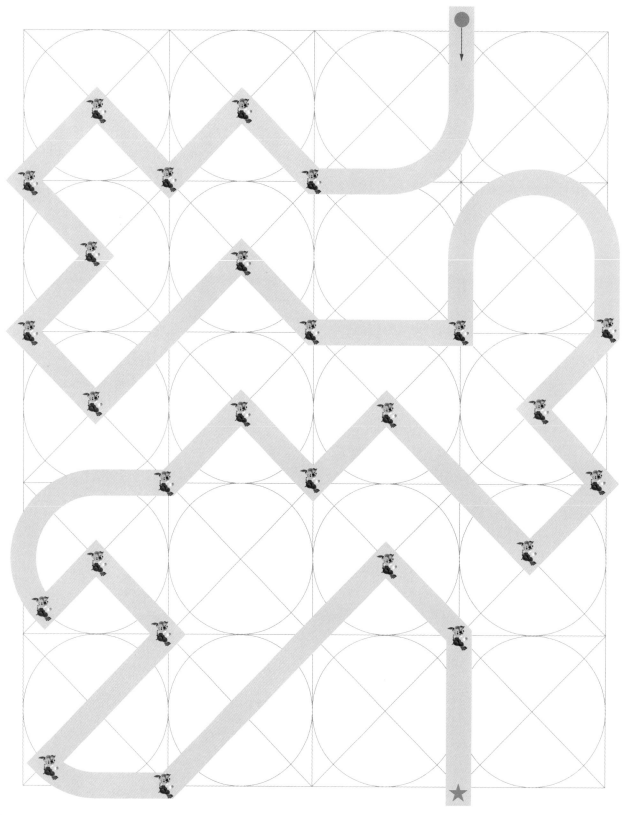

70

■Dibuja una línea desde un carro de carreras (🏎)
hasta el otro carro de carreras (🏎).

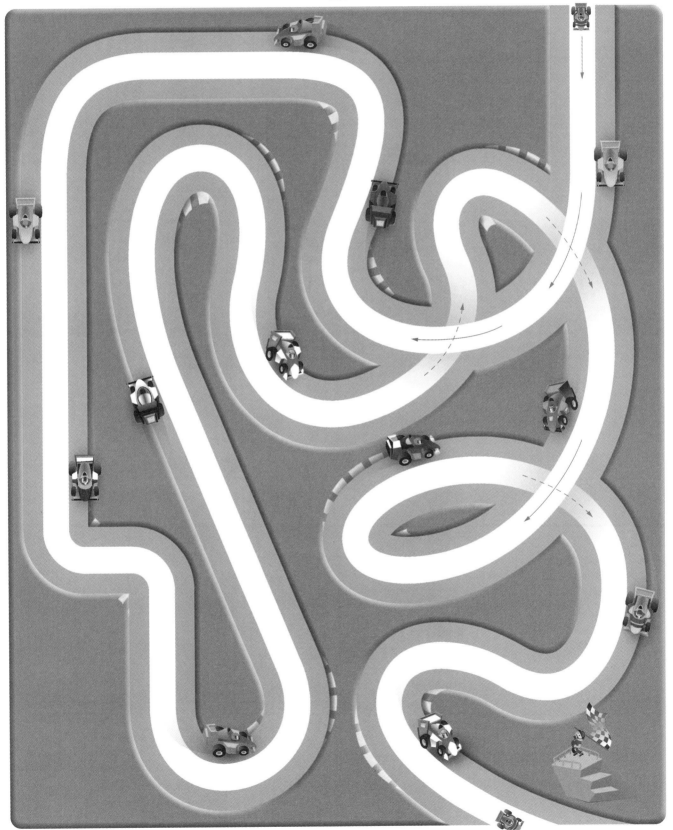

71

■Dibuja una línea desde el punto (●) hasta la estrella (★).

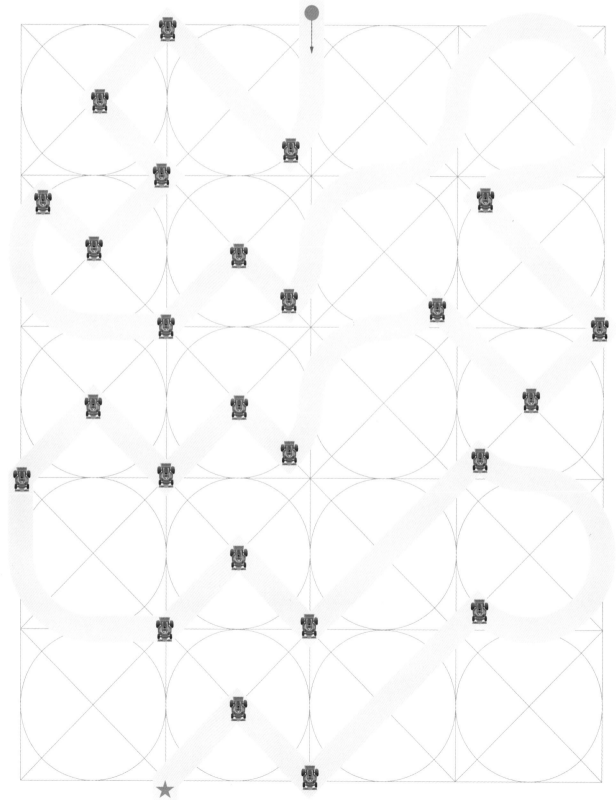

72

Nombre

Fecha

■Dibuja una línea desde una niña () hasta la otra niña ( ).

A los padres
A partir de esta página, dibujar líneas se vuelve más difícil.
Anime al (a la) niño(a) a dibujar dentro de las líneas. Es
importante para el (la) niño(a) desarrollar la habilidad de
dibujar con cuidado y de una manera constante.

■Dibuja una línea desde el punto (●) hasta la estrella (★).

74   Automóvil de carreras

La Montaña rusa en el parque de diversiones

A los padres Anime a su hijo(a) a dibujar a lo largo de caminos muy estrechos. Asegúrese que su hijo(a) pueda fácilmente dibujar una línea continua a lo largo del camino.

■ Dibuja una línea desde un carro de la montaña rusa (🚃) hasta el otro carro de la montaña rusa (🚃).

■Dibuja una línea desde el punto (●) hasta la estrella (★).

Transbordador espacial

Montaña rusa

Nombre

Fecha

■ Dibuja una línea desde un carro de la montaña rusa () hasta el otro carro de la montaña rusa ( ).

■Dibuja una línea desde el punto (●) hasta la estrella (★).

Velero

40 Montaña rusa en el espacio

■Dibuja una línea desde un carro de la montaña rusa espacial (🚀) hasta el otro carro de la montaña rusa espacial (🚀).

A los padres

¿Se divirtió su hijo(a) al llegar al final del libro? Al término de estos ejercicios su hijo(o) debería ser capaz de dibujar líneas bastante bien y de hacer trazos con más confianza que los que hizo en la primera página. Felicítelo(la) por su esfuerzo.

■Dibuja una línea desde el punto (●) hasta la estrella (★).

Castillo

KUM◯N

Diploma de Cumplimiento

y se le felicita por haber terminado

Mi primer libro de Trazos

Dado el _____ , 20 ____

_____
Padre o tutor(a)